U0100455

大展好書　好書大展

品嘗好書　冠群可期

大展好書　好書大展

品嘗好書　冠群可期

實用武術技擊 30

警用格鬥技法

董如軍 著

大展出版社有限公司

作者簡介

董如軍，男，廣東警官學院教授，中國人民警察二級警監。中國武術八段，中國體育科學學會資深會員，廣州體育學院碩士生導師，北京體育大學高級訪問學者。

自幼習武，曾系統學習過少林拳、查拳、峨嵋拳、太極拳等武術拳種。先後在《北京體育大學學報》《體育學刊》《公安教育》《警察技術》《解放軍體育學院學報》等刊物上發表學術論文二十多篇。在《中華武術》《武林》《武當》《武魂》《搏擊》《少林與太極》等刊物上發表八十餘篇武術文化論文。

主編的《警察體能技能訓練》一書由中國人民公安

大學出版社出版。《警察體育與健康概論》、峨嵋拳專著《古傳實戰秘技》由北京體育大學出版社出版。撰寫的《關於警察身體素質狀況的調查與思考》等論文獲公安部徵文三等獎一項、廣東省公安廳三等獎一項、人民日報出版社一等獎等十二項科研成果。培訓1997年香港回歸、1999年澳門回歸數百名警衛，並先後培訓了數千名公安民警保衛國家。

序

格鬥技法屬於中國武術文化瑰寶之一，來自民間武術，是人民群眾喜愛的既強身健體又能防身自衛的運動項目，數千年來盛傳不衰。

董如軍教授是我院學科帶頭人，從事高校、公安擒拿格鬥等教學與訓練28年，始終堅持在教學訓練工作第一線，曾參與撰寫公安院校武術《擒拿格鬥》教學大綱、編寫公安擒拿格鬥教材，在警察實戰教學和學科建設中作出了突出成績。

他在總結教學與訓練實踐經驗的基礎上，撰著了《警用格鬥技法》一書，介紹了格鬥訓練基礎知識以及大力金剛功、警用技能實戰、抓捕擒敵術等內容，圖文並茂，簡單易學。其中的格鬥招式、練習方法，凝結作者多年從事教育訓練實踐和研究的成果，既有實戰效果，又能強身健體。有心者若能科學練習、持之以恆，堅持數年必有收益。該書既適合公安武警訓練中學習參

考，也適合廣大武術愛好者運動練習。

我和董如軍教授是同事，且對武術運動有一些喜好，欣然爲序。

目

錄

第一章

格鬥基礎訓練

格鬥基礎訓練的目的是為了使實戰中的手法、步法配合巧妙、靈活、多變、運用自如，以下動作是基礎訓練，簡單、易練，習練者若長期堅持練習，自然會體會到其中奧妙。

圖1

圖2

第一節　胸前抓腕衝拳

動作特點

抓腕衝拳是直拳擊打，最直接，簡單、實用、易練。

動作過程

1. 預備勢：練習者立姿，左腳往左側開步，距同肩寬，頭往上頂，雙手抱拳於腰間，拳心向上，兩膝自然彎曲，氣沉丹田；目視前方（圖1—圖3）。

圖3

圖4

2. 右拳從腰間向胸前直衝，成立拳，左拳在腰間。然後右拳變掌，抓擰變拳收回腰間，同時左拳往胸前直衝，成立拳（圖4、圖5）。

如此反覆8～16次。

圖5

3. 還原成高馬步樁功勢（圖6）。

圖6

圖7

動作要求

動作協調，轉髖擰腰，衝拳力要順達，力點達於拳面，抓擰變拳動作緩慢用力，練習臂內力，呼吸自然順暢。

第二節　胸前左右繞腕

動作特點

胸前繞腕，對稱揉腕，是手臂壓繞對方手臂用於直接防守化其力的方法，分單手、雙手化解，可採用進步、退步方法與手臂結合防守。

圖8

圖9

動作過程

(一)內繞腕

1. 預備勢：兩手臂平伸，手掌側立，手心相對（圖7）。

2. 內揉腕，兩手掌向上挑，手指向上（圖8）。

3. 以腕關係為軸，兩手掌向內，掌指相對（圖9）。

4. 接上勢，掌指向下，外繞，掌心往外（圖10、圖11）。

5. 承上勢，繼續繞腕，成兩手掌指向上；目視前方（圖12）。

圖10

圖11

旋轉一周360°為1次。如此反覆8～16次。

(二)外繞腕

1. 預備勢與圖7、圖8相同。

2. 與內繞腕方向相反，兩手掌向外上旋轉，手心向外前方，再向下旋轉，手掌心向內，手掌繼續向下、向內、向上旋轉，手指向上；

圖12

圖13

圖14

目視前方（圖13—圖15）。

旋轉一周360°為1次。如此反覆8～16次。

圖15

動作要求

繞腕動作協調，腰部微轉控髖，力要順達，力點達於手腕，手腕動作緩慢用力，可練腕部內力，呼吸要自然順暢配合。

第三節　胸前內外繞肘

動作特點

胸前繞肘，對稱揉肘，是肘關節與前手臂相互配合壓繞對方手臂，用於直接防守化解對方的力量，以單繞臂、雙繞臂練習為主，實戰中可採用閃步、進步、退步方法，簡單、易學。

動作過程

(一)胸前繞肘防守

1. 預備勢，如圖7、圖8。

2. 兩手掌向內，以肘關節為軸，向內旋轉外翻成兩掌掌心向外（圖16、圖17）。

3. 兩掌前伸，手指往前，內旋，手指往下，再內旋，手掌背向外翻。然後還原成立掌。（圖18—圖21）

如此反覆8～16次。

(二)內翻腕繞肘練習

1. 預備勢，如圖7、圖8。

2. 兩臂伸直，雙腕內旋，帶動肘關節隨掌向外側旋轉，隨即兩手掌繼續向內旋轉成側立掌，目視前方（圖

圖16

圖17

圖18

圖19

圖20

圖21

22、圖23）。

如此反覆8～16次。

(三)外翻腕繞肘練習

1. 預備勢，如圖24。

2. 兩臂伸直，雙腕外旋成掌心向外，帶動肘關節，兩掌內旋成掌心向內，掌指向下（圖25、圖26）。

3. 兩手掌外旋，翻腕旋轉一周，成掌心向外，掌指往上（圖27）。

如此反覆8～16次。

圖22

圖23

圖24

圖25

圖26

圖27

動作要求

動作要柔和，手掌、腕關節、肘關節的轉動要配合協調、自然。長期進行胸前繞肘防守、內翻腕練習和外翻腕練習，手臂肌肉會富有彈性，與對方接手聽力極好。

(四)反擊撣手

動作特點

胸前撣手，是肩關節、肘關節、腕關節、手掌指的一致發力練習，有順達手臂的勁力和協調的作用。撣手

圖28

圖29

有閃步揮手、進步揮手、退步揮手等，擊打效果強。

動作過程

1. 預備勢，如圖24。

2. 左手臂放鬆往下，以左肘關節為軸，前臂內旋，手指往下；同時右手臂往前伸掌（圖28）。

3. 隨即右手臂放鬆往下，以右肘關節為軸，前臂內旋，手指往下；同時左手臂往前伸掌（圖29）。

4. 接上勢，左手臂內旋，以左肘關節為軸，手掌往下繞肘、繞腕；同時右手臂內旋往前伸掌；目視前方

圖30

圖31

（圖30）。

5. 承上勢，右手臂以右肘關節為軸內旋，同時身體往右轉，左手臂內旋往前伸掌揮擊，手指往前；目視前方（圖31）。

如此反覆8～16次。

動作要求

以腰為中軸，髖部內轉動，繞腕、揮手、順腰動作要協調、順達，力點達於手指，開始動作慢練，呼吸自然。

第四節　胸前推抓回拳

動作特點

推、抓、收動作緩慢，肌肉緊張、用力，配合呼吸，簡單、易學。

動作過程

(一)抓推撞拳

1. 預備勢：雙手抱拳收於腰間；兩腳開立成高馬步樁功勢（圖32）。

2. 拳變掌用力往前伸，手指向前；目視前方（圖33）。

3. 兩掌變爪，爪心向前。然後左爪變拳回收於左肩前上方，同時右爪變拳向正前方擊打（圖34—圖36）。

如此反覆8～16次。

圖32

圖33

圖34

圖35

圖36

圖37

圖38

(二)推抓擊打

1. 預備勢：用右手推抓（圖37）。

2. 左拳變爪前抓擊打，反覆練習（圖38—圖41）。

如此反覆8～16次。

圖39

動作要求

意、氣、力合一，手背自然放鬆、協調，由慢到快

圖40

圖41

練習。

(三)推手雙抓

動作特點

雙推、回抓動作要緩慢，肌肉要緊張、用力，用胸式呼吸，動作配合呼吸，練氣、練內力，胸腔氣滿，鍛鍊肺活量。

動作過程

1. 預備勢：雙掌向前推抓（圖42）。

圖42

圖43

2. 雙爪收回胸前變拳（圖43、圖44）。

圖44

3. 雙拳變爪收回胸前方，再變掌，雙手臂內旋自然往下慢慢導氣（圖45）。

如此反覆8～16次。

動作要求

動作慢練，可用內力，上下協調，呼吸自然。

圖45

圖46

第五節　弓步旋轉掄臂

動作特點

以肩關節為軸，握拳旋轉360°。

動作過程

1. 預備勢：成左弓步（圖46）。

2. 左手抓右肩右臂向後、向上、向前、向下、向後旋轉360°（圖47、圖48）。

如此反覆8～16次。

圖47

圖48

圖49

3. 身體向右後轉180°，成右弓步，用右手抓左肩，左手臂向後、向上、向前、向下、向後旋轉360°（圖49—圖52）。

如此反覆8～16次。

動作要求

動作由慢到快，旋轉右肩關節時，用左手掌按壓右肩關節；旋轉左肩關節時，用右手掌按壓左肩關節，這樣可以保護關節。

圖50

圖51

圖52

第六節　雙手回抓撣手

動作特點

胸前回抓撣手繞臂，是肘關節與手腕相互配合，可擊打對方面部或纏繞對方手臂化解對方的力量，是一種柔和的手臂練習方法。

動作過程

(一)雙手下壓回抓撣手

1. 預備勢：自然站立，兩手臂平伸，手掌於胸前掌心相對，相距約同肩寬（圖53）。

2. 手掌心內旋、向外往前翻臂伸出(圖54、圖55)。

如此反覆8～16次。

圖53

(二)雙手上挑回抓撣手

1. 兩手臂內旋，掌心向外止於腹前，用力往回收掌（圖56、圖57）。

圖54

圖55

圖56

圖57

圖58

圖59

2. 承上勢，兩手內旋往前上方伸出，掌心向外，手背相對（圖58）。

3. 兩掌手心向上往胸部回收，以肘關節為軸內旋，手掌往下，手掌背相對（圖59）。

如此反覆8～16次。

(三)左右旋臂揮手

1. 預備勢：自然站立，兩手自然前伸，手心相對，如圖56。

2. 左手臂內旋下回，右手臂外旋前揮，然後右手臂

圖60

圖61

內旋回收下壓，同時左手臂前撣（圖60、圖61）。

3. 接上勢，腰向左轉的同時，左手臂內旋下壓，右手臂外旋前撣（圖62）。

如此反覆8～16次。

圖62

圖63

(四)左右旋臂超手

1. 預備勢，如圖56。

2. 左手臂內旋，手往前伸，手指向前，手心向外；同時右手掌收於胸前，身體腰部向左轉動（圖63、圖64）。

3. 承上勢，腰部向右轉動，同時左手臂外旋，隨身體移動，手至於腰左前方，手心向斜上方，右臂內旋，手心向外，手指向前，手心向斜上方（圖65）。

如此反覆8～16次。

圖64

圖65

動作要求

動作由慢到快。旋臂超手要配合腰的轉動，手臂如同雲手，雲手中的前面的手可用撣手，它是一鞭打的動作，是上乘功夫。旋臂撣手是練聽力感覺的功法之一，與前超手、後超手，是近敵摔、擒、靠、擊的高級用法，手法熟練後，可配合步法的訓練，達到運用自如、變化無窮。

第二章

大力金剛功訓練

大力金剛功是中國傳統武術優秀功法之一，簡單、易學，內外兼修、激發潛能，訓練的目的是在實戰中讓拳法、肘法、腿法、膝法發出有勁力，發力時，達到「快、準、狠」，力透敵方。

第一節　練習金剛功須知

一、功法作用

大力金剛功是以靜中得氣，根據人體內存在的對立統一的陰陽循環規律進行自我調節、自我控制的一種健身強體運動。

此功法內外兼修，剛柔合一，可用於提高自由搏擊的技擊功底。透過練功，可使內三合（精、氣、神）與外三合（眼、手、身）緊密協調起來，形成全身百骸、筋力、肌肉、血液循環及精、氣、神的統一「行動」，促使人體內在潛能的激發，其作用有：

1. 此功的呼吸方法是在身體鬆靜自然的前提下，用鼻子進行呼吸的。鼻自然呼吸始於丹田，隨著練功時間的增長，會使練功者的呼吸逐步由淺入深，由深變柔，由柔變細，由細變勻，由勻變長，增加肺部氣體的交換能力，從而促進各組織細胞發達，改善呼吸系統的功能，並可使五臟六腑和胸部的擴張運動得到有益的鍛鍊。

2. 練習金剛功，可使副交感神經功能相對增強，周圍血管擴張，血壓降低，還可以提高消化系統的功能，

消除胃腸積氣，保持大便疏通，預防消化系統疾病。

3. 長期練功，對疏通氣血，打通經絡，促進血液循環有良好作用。能促使小血管擴張，紅細胞內含鐵量增高，使肌纖維變粗，收縮能力增加。用於技擊時，即可意到、氣到、手到而力到。練習大力金剛功可使身體越練越健壯，內氣充盈，並為擒拿格鬥、發氣制敵打下堅實的基礎。

二、練功要求

1. 練功時要精神集中，保持心靜、心情舒暢，做好心理和身體的準備。

2. 不要急於求成，功到自然成。推掌發力由慢到快，步法、樁功時間由短到長，單臂撐次數逐步增加。

3. 練功宜在空氣清新、環境幽雅之處進行。颳風下雨則在室內練習為佳。

第二節　金剛功功法

一、四平馬樁

身體正直；兩腳平行，間距略寬於肩，屈膝下蹲，大腿微平；頭頂百會，下頜內收，口輕閉，舌尖微抵上

圖66

齶，兩眼自然平視正前方；腹實胸寬，意守丹田，坐髖沉氣，提肛斂臀收陽；兩膝略內扣，腳趾抓地；身體自然中正，重心在兩足湧泉穴連接線之中點上；兩臂屈肘收抱於腰間，呼吸自然。靜息數分鐘，使周身逐漸發熱，為下步功法練習做好準備（圖66）。

【要求】

腳趾抓地堅實如盤，頭領身正，氣沉丹田。

【注意】

功架強度較大，練習時間的長短可根據各人的功底

圖67

狀況來決定。初步練習，可先採用兩腳距離較窄、身體略高的半馬步姿勢；同時兩手前抱於腹前，或意守丹田或意守勞宮穴發放「功氣」以健體、築基。待腿力有所增強後再練馬步。

在練習過程中，由於腿部肌肉高度緊張，會出現抖動現象，此時應做一下調整，休息後再練習。

二、翻江倒海

1. 接上式。身體右擰，再向前轉，用全身抖勁將兩拳變掌向體前推出。掌指向上，成側立掌（圖67）。

圖68

2. 兩臂用力慢慢外旋，掌心向上，兩臂慢慢收於胸前，然後兩手背慢慢內旋向兩側用力推出，意想手掌向兩側推出重物（圖68）。

3. 動作不停，兩掌緩慢用力外旋，掌心向上，兩臂上托舉手掌變拳收於胸前，拳心向下，力貫手臂（圖69、圖70）。

圖69

圖70

4. 動作不停。兩拳變掌外旋向外兩側畫弧，用力收止於胸部（圖71）。

圖71

【要求】

向前推掌時，發力要猛、狠；練習時，呼吸自然；回抓時要用內力；用鼻吸氣入中丹田時，以小腹吸氣上提之方法，「氣達胸，力達臂」，使功力聚達於臂部。

【注意】

初練時，推力不宜過猛，要用力慢慢推、慢慢收。單勢動作可練習3組，1組8～10次。

三、馬步推抓

1. 成馬步勢。兩掌變爪上提於胸前，隨即兩爪用力握變成拳，左臂內旋，拳心向外，肘往左撐，同時右拳邊變爪邊用力向右側慢慢平推抓；目視右手（圖72、圖73）。

圖72

圖73

圖74

2. 動作不停。右爪外旋，爪心向上慢慢回抓至胸前變拳，手臂內擰拳心外翻；左拳變爪用力慢慢向左側平推抓；目視左手（圖74、圖75）。

3. 動作不停，左爪變拳，手心向上，用力慢慢收回於胸前，拳心向外（圖76）。

【要求】

左式右式平推爪為一口氣。如此反覆8～10次。

圖75

圖76

圖77

四、蒼鷹捕兔

1. 預備勢：四平馬樁，如圖66。

2. 接上勢，兩拳慢慢提起到胸部，向外翻，拳心向外（圖77）。

3. 身體右轉變右弓步，兩拳變爪向左右平推，爪心向外（圖78）。

4. 兩臂上舉，爪心向上，往軀體前下方下抓，然後兩臂外旋，爪心向上，緩慢用力向胸前收回變拳；目視前方（圖79—圖81）。

圖78

圖79

5. 身體左轉成四平馬步，兩拳內旋，拳心向下；目視前方（圖82）。

圖80

圖81

圖82

6. 身體左轉成左弓步，同時兩拳變爪用力向左右兩側推出，然後上舉，爪心向上；目視前方（圖83、圖84）。

圖83

圖84

圖85

圖86

7. 兩爪從上往下抓，然後手臂外旋，爪心向上，慢慢用力變拳收於胸前；目視右前方（圖85—圖87）。

8. 上動不停，身體向右轉，成馬步，兩拳心翻轉向外（圖88）。

圖87

圖88

圖89

五、金剛捶

以右手為例。右手抓氣，五指慢慢用力捲緊，用右拳面觸地；左拳握緊，左臂往上伸直；左腳觸地，右腳搭在左腳上；身體挺直；力點在右拳和左腳上，身體懸空；目視左拳（圖89）。

【要求】

聚精會神，呼吸協調自然，氣貫拳面。

圖90

【注意】

久練能使拳頭堅硬。還可用手指撐地，隨著功力增長，逐漸減少到一指觸地，即一指金剛法。該功為外壯硬功，屬陽剛之勁，練習精純，一指到處，觸人身則立見成效，非至萬不得已時，切勿輕易傷人。此種功夫與陰手一指禪功有異曲同工之妙。

六、單臂撐

承上式。左拳變掌收於腰部，右臂屈肘，胸部觸地，然後用右臂再撐起（圖90—圖92）。

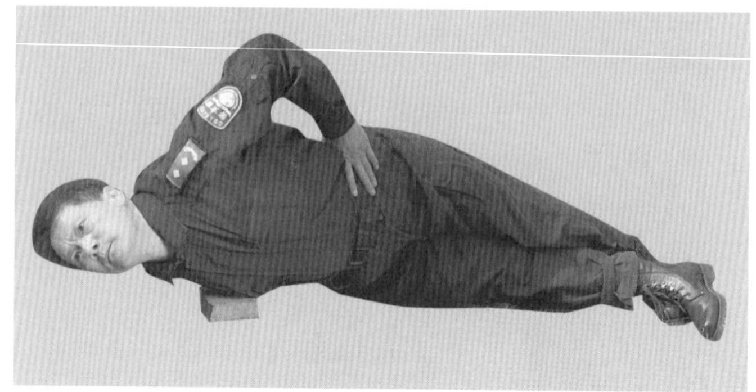

圖91

圖92

【要求】

上下起伏一撐為一口氣，中間不要換氣，每次2～3組，每組10次。

【注意】

左右臂交替練習，隨著臂力的增長，兩腿墊物，逐漸上抬高，加大單臂練習的難度。可快速增大臂力。

第三節　童子功

動作特點

關節的活動幅度以及肌肉和韌帶的伸展能力，即是柔韌性。柔韌性在武術運動中具有很重要的意義，柔韌性好能夠更好的掌握技術。

動作過程

(一)正　壓

1. 成站立勢，兩手掌手指交叉，自然呼吸（圖93）。

圖93

圖94

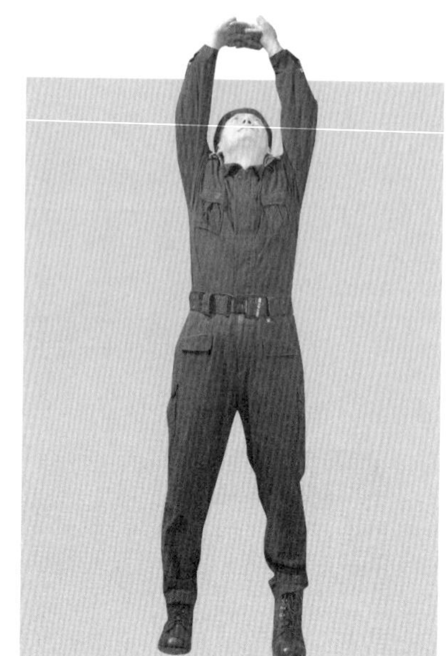

圖95

2. 兩手掌慢慢上提，內旋外翻，氣隨手走，上舉至頭部，手心向上；目視兩手（圖94、圖95）。

3. 以腰為軸，軀體向前俯，兩手掌心觸地（圖96）。

4. 上下反覆振動壓腿，動作由慢到快（圖97、圖98）。

【注意】

兩手上舉時，氣往上提，慢慢往下彎腰，上下振動時配合呼吸。

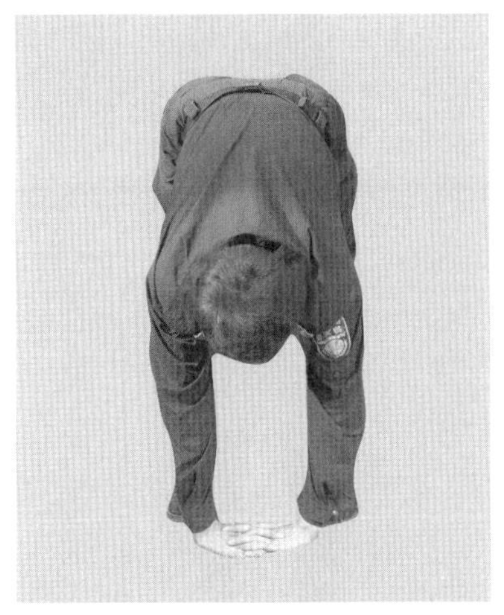

圖96

圖97

圖98

圖99

(二)左右側壓

1. 接上勢身體往左側旋轉，兩手掌往身體左側下壓（圖99）。

圖100

圖101

2. 身體往右側旋轉，兩手掌往身體右側下壓，目隨手移動（圖100）。

【注意】

身體左右側壓時，呼吸自然配合轉腰。

(三)抱腿功

1. 自然站立，正面下壓時，兩手在胸前，兩手掌慢慢上提，內旋外翻，氣隨手走，上舉至頭部，手心向上，兩手臂內旋，掌心向上頂，目視自然（圖101）。

圖102　正面

圖102側面

2. 接上勢，以腰為軸，上肢慢慢往下壓，同時吸氣、收腹，兩手用力抱大腿，頭腹貼大小腿抱腿折疊（圖102、圖102側）。

動作要求

抱腿時，腿、膝要直，深呼吸，動作緩慢自然。練習時間和強度根據自身條件合理安排。

第四節　弓步衝拳

動作特點

弓步衝拳是武術造型的基本功之一，基本功是提高技術水準的根本和關鍵，長期練習，對步法的穩定、肌肉的協調、力量的增多、上下肢的配合具有重要意義。

動作過程

(一)左弓步衝拳

1. 自然站立，兩拳抱於腰間；目平視（圖103）。

2. 跨左腿屈膝成左弓步，右腿蹬直，同時出左拳，自然呼吸，目視前方（圖104）。

3. 接上勢，往左擰腰，左拳收於腰間，同時出右拳（圖105）。

圖103

圖104

圖105

圖106

4. 承上勢，腰往右擰，右拳收於腰間，同時出左拳，目視前方（圖106）。

(二)右弓步衝拳

1. 還原成站立勢，兩拳抱於腰間，目平視，如圖103。

2. 跨右腿屈腿成右弓步，左腿蹬直，同時出右拳，目視前方（圖107）。

3. 接上勢，往右擰腰，右拳收於腰間，同時出左拳（圖108）。

圖107

圖108

圖109

4. 承上勢，腰往左擰，右拳收於腰間，同時右出拳，目視前方（圖109）。

如此反覆8～16次。

動作要求

弓步衝拳時，左右連環，動作連貫，力要順達，由慢到快呼吸自然，頭往上頂，氣往下沉，重心平穩。弓步沖拳可原地練習、行進間練習等。

圖110

第五節　一禪羅漢功

動作特點

一禪羅漢功是武術童子功之一，是練柔韌、肌肉和毅力的重要基本功法。

動作過程

以右豎叉勢著地為例，上體側仰，軀體貼近大腿，屈右肘關節，右手握拳用拳面頂頭側部右太陽穴；屈左肘關節，左手握拳用拳面頂頭側部左太陽穴，右肘關節貼近右腿，兩眼微閉，自然呼吸，目視鼻尖（圖110）。

動作要求

右豎叉勢與左豎叉勢交替練習，時間由短到長，循序漸進，踢腿、控腿、壓腿相互結合。

第六節　側身防衛勢

動作特點

馬步側身防衛勢是一種攻防動作的基本功，練習攻防意識、手、眼、身法、步的配合。

動作過程

側身馬步勢；左手內旋，手心向外，手指自然散開；右臂自然屈肘，手掌立於胸前；目視前方（圖111、圖111附圖）。

動作要求

左右交替練習，步法可前後移動、左右移動，上下相隨，眼隨動作，目視前方。

圖111

圖111附圖

第七節　鐵牛耕地

動作特點

鐵牛耕地是練習手臂金剛捶、金龍爪、二指禪指指力、腰部之力，同時練習周身關節之靈活。

動作過程

(一)金剛捶鐵牛耕地

1. 雙拳握緊撐地支撐，兩腿後伸，目視前下方（圖

圖112

圖113

112）。

2. 身體往後移，屈腿（圖113）。

圖114

圖115

3. 接上勢，頭往前下方、上方拱伸，弓身，抬腰，手臂支撐（圖114—圖116）。

如此反覆8～16次。

圖116

圖117

(二)金龍爪鐵牛耕地

與金剛捶耕地動作過程相同，唯以五指撐地（圖117）。

如此反覆8～16次。

圖118

圖119

(三)二指禪鐵牛耕地

1. 用手四指支撐練習，俯臥撐、鐵牛耕地(圖118)。

2. 用手三指支撐練習，俯臥撐、鐵牛耕地(圖119)。

圖120

3. 用手二指支撐練習，俯臥撐、鐵牛耕地（圖120）。

動作要求

動作由慢到快，次數由少到多，先練金剛捶、金龍爪再配合練鐵牛耕地。練習金龍爪由五指支撐，逐漸減少手指的支撐，直到二指支撐。

第三章

警用技能實戰訓練

擒拿與反擒拿是警用技能的重要組成部分之一。擒拿技法可分為主動擒拿與被動擒拿兩種。一般來說，主動擒拿是主動地靠近對方，擒其某一部位而拿之，主要用於制服擾亂社會治安的行兇歹徒。動作要快速、敏捷、手法狠，一招即可以制服歹徒。被動擒拿即是反擒拿，當對方抓我某一部位而拿之。使用這種手法，發力要整，沉著冷靜，出其不意。要達到動作的嫻熟、自然，須練習擒拿之基本功法，即抓功、掌功、刁勾手、指功（禪功）等基本功，方法有單人、雙人練習，無物練習，意念假想，有物練習，借助於物體解牛筋、擰木棒等傳統的訓練方法都很有效。擒拿之術，隨機應變、靈活機動，借敵之力發其勁，一能致敵失去戰鬥力，二能致敵殘廢，三能致敵亡命，應慎傳、慎用。

警用擒拿基礎：抓筋拿脈，挫扭關節，牽引控制，巧施妙法，一抓得勢，巧柔克剛。抓拿得法，威力奇效。習者專研，技法奧妙。

圖121

圖122

第一節　折　　腕

1. 雙方側身站立，左為甲方，右為乙方，甲方用左手抓乙方右手腕（圖121）。

2. 乙方手臂外旋屈肘，手心向內（圖122）。

3. 接上勢，用左手抓握甲方右腕（圖123）。

4. 上動不停，乙方手腕內旋，繞腕化解甲方左手腕，同時乙方折甲方手掌腕用力往下、往內折壓（圖124、圖125）。

圖123

圖124

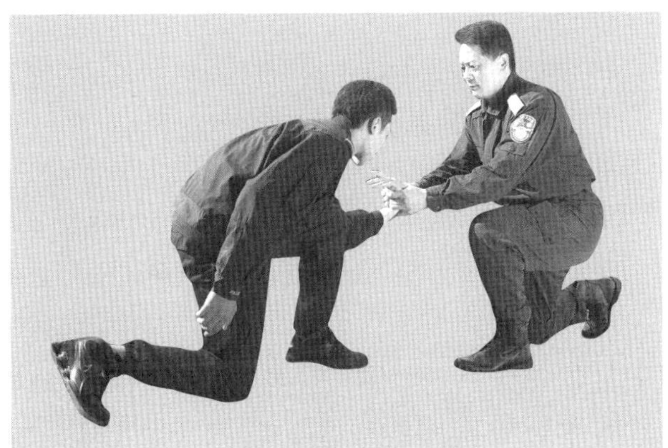

圖125

動作要求

乙方屈臂繞腕，動作要協調，用力要內外合一，折

圖126

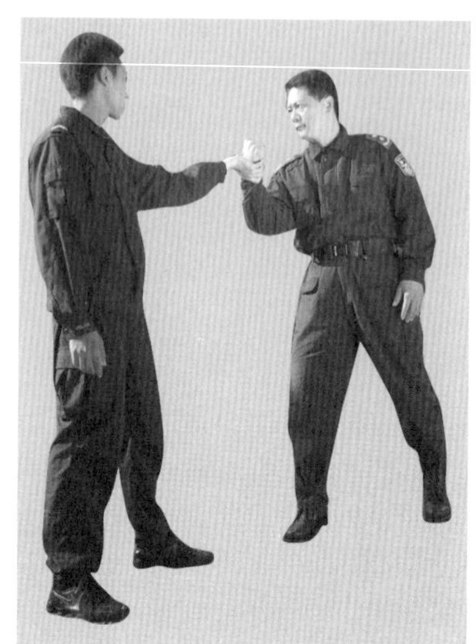

圖127

腕時要狠，身體重心可往後移，用力向後拉折對方，造成對方向前倒地。

第二節　掰　　腕

1. 甲方用左手抓乙方右手腕（圖126）。

2. 乙方手臂外旋屈肘，手心向內（圖127）。

3. 隨即用左手抓握甲方右手掌（圖128）。

4. 乙方繼續向右前方斜上步，成右弓跟步，兩手往甲方左側後方掰腕下壓（圖129、圖130）。

動作要求

右手臂旋轉時要有纏絲勁，化對方手臂，以旋轉之力破敵之橫力，上下肢動作協調一致。如乙方雙手繼續向前下方掰甲方手掌腕可將其摔倒，繼續折腕別臂可將敵方控制住。

圖128

圖129

圖130

圖131

第三節　纏　　腕

1. 甲方用右手抓握乙方右手（圖131）。

2. 乙方用左手搭在甲方右手背之上，用右手掌內旋往上挑，造成甲方手腕向下彎（圖132、圖133）。

3. 接上勢，乙方繼續用左右手纏甲方右手腕向下、向裏劃弧（圖134）。

動作要求

纏腕時要化解對方的勁力，要內收手臂，可控制敵方手臂。

圖132

圖133

圖134

圖135

第四節　壓　腕

1. 當甲方用左手用力抓住乙方右肩時，乙方斜身對敵，身體自然放鬆（圖135）。

2. 乙方突然左手抓握甲方的左手腕背，同時右手變拳向上抬舉右肘關節高於甲方手臂（圖136、圖137）。

3. 上動不停，乙方身體重心向下沉，軀體向左轉，右肘關節向裏繞下壓甲前臂，造成甲方反關節，迫使甲方手腕疼痛，身體前俯，重者可使其肘、腕關節斷裂（圖138）。

圖136

圖137

圖138

動作要求

左手掌抓緊甲方右手腕，控制對方，右肘關節下壓力點在肘尖，轉體要猛。在訓練時，力度、角度要適度掌握，轉體角度越大、越猛，造成對方手臂的傷勢越大。

圖139

圖140

第五節　壓　　胸

1. 甲方抓乙方胸襟（圖139）。

2. 乙方用雙手扣住甲方左手腕，抬左肘，突然用力往下壓裹甲方手臂（圖140、圖141）。

動作要求

轉體要快，身體下沉，壓臂要猛，發力要整。左轉體越快，角度越大，效果越好。

圖141

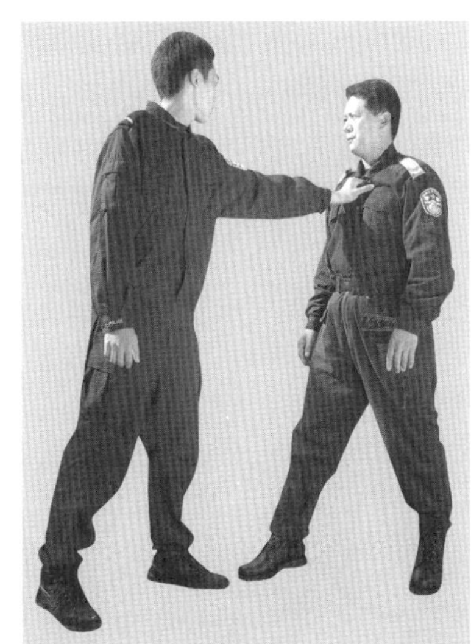

圖142

第六節　錯　　肘

1. 甲方抓乙方胸襟（圖142）。

2. 乙方用左手卡甲方左手腕，同時用右手掌擊打其左肘關節，身體向左側轉體（圖143）。

圖143

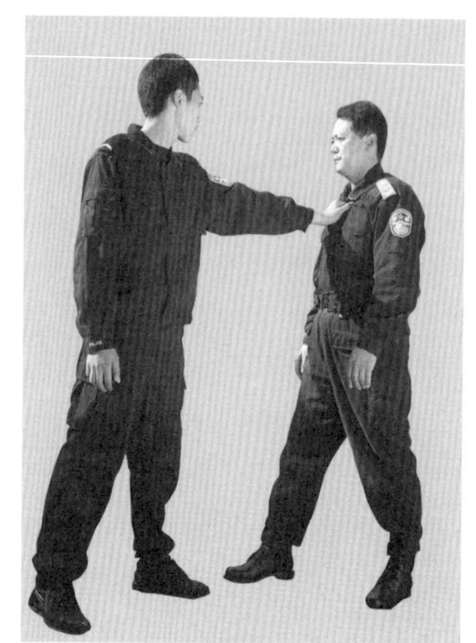

圖144

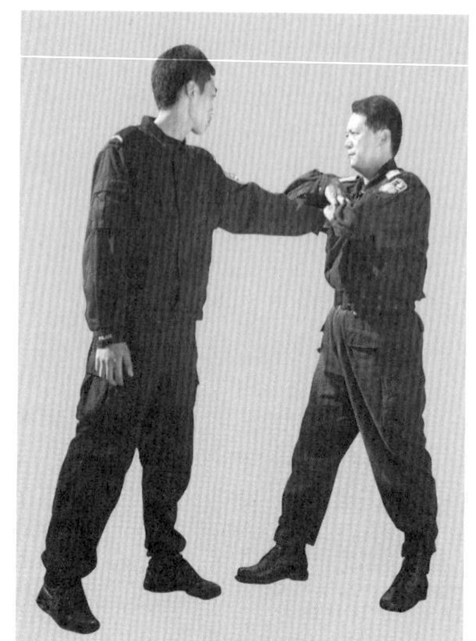

圖145

動作要求

軀體左轉與兩手合力一致。

第七節　胸　　折

1. 甲方用左手抓乙方胸部（圖144）。

2. 乙方用左手托甲方左手腕，用右手抓甲方手掌內側，扣甲方左手腕（圖145）。

3. 乙方扣緊甲方的手腕，使其手心對甲方胸部，用力往下壓，往後沉折其手腕（圖146）。

圖146

動作要求

翻手折腕要往下沉，可往後拉。

第八節　托　　肘

1. 甲方用左手抓乙方右手，如圖126。

2. 乙方側身向右轉，右臂屈肘，使甲方手心向上翻，同時用左手掌托擊甲方肘關節使其手臂上抬，可解脫（圖147、圖148）。

圖147

圖148

動作要求

托肘要猛，托肘後迅速撤步，成側身對敵。

第九節　擊　　肘

1. 甲方用右手抓握乙方右手腕（圖149）。

2. 乙方側身屈右臂，使甲方手臂內旋，同時，身體向右轉，用左手掌擊打其肘關節（圖150、圖151）。

動作要求

轉身擊打後，快速轉身撤離對方，保持一定的距離。

圖149

圖150

圖151

圖152

第十節　切　　摔

1. 乙方用左手主動抓握甲方右手腕（圖152）。

2. 乙方上右步跨在甲方右腿後，絆其腿，同時，用右手臂切甲方脖子，身體向左轉將對方摔倒（圖153、圖154）。

動作要求

上下動作一致，身體旋轉要快速。

圖153

圖154

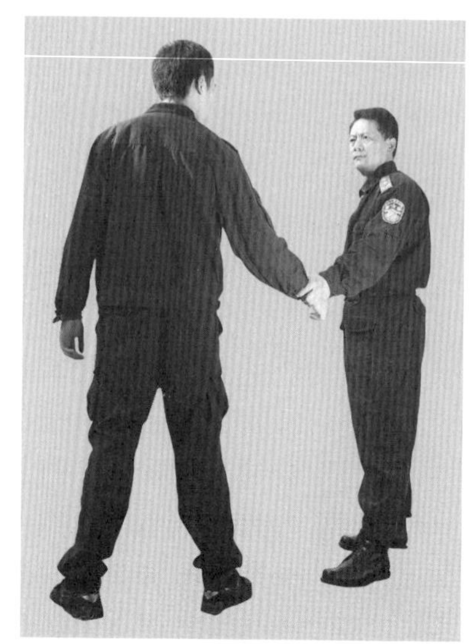

圖155

圖156

第十一節　掐頸抹摔

1. 乙方用左手主動抓握甲方右手腕（圖155）。

2. 乙方上右步跨在甲方右腿後側，同時用右手變爪卡其喉部（圖156）。

3. 承上勢，身體向左轉，同時絆其右腿，用力抹其頸部，將甲方摔倒（圖157—圖159）。

動作要求

速度要快，用右手卡對方頸部時虎口用力掐，緊緊按住。

圖157

圖158

圖159

圖160

第十二節　控手踹腿

1. 乙方在甲方身後，抓捕時突然上左腳跨一大步成弓步，同時用雙手控制甲方兩手（圖160）。

2. 上動不停，乙方左腳站穩，用雙手緊緊控制甲方兩手往後上方拉，同時用右腳踹甲方右腿後膝關節(圖161)。

3. 乙方雙手緊緊控制甲方兩手往後上方抬，控制其雙手（圖162）。

動作要求

動作快捷，踹腿有力。

圖161

圖162

第十三節　大掄別臂

1. 乙方主動用左手抓握甲右手腕（圖163）。

2. 隨即用右手臂從裏上挑甲方右手臂（圖164）。

3. 上動不停，乙方向右轉身成右弓步，下壓甲方控制其右手臂，用左手抓甲方頭髮往上抬頭(圖165、圖166)。

動作要求

右手臂往對方上臂裏側直插，用右肘關節與其右肘關節相對，左手往裏合、上抬對方手臂，成合力點下壓對方。

圖163

圖164

圖165

圖166

圖167

圖168

第十四節　插肘壓臂

1. 乙方用右手插入甲方左臂腋下（圖167）。

2. 承上勢，右肘彎曲，右掌至甲方左肩，同時左轉身下壓（圖168、圖169）。

3. 承上勢，身體繼續左轉身下壓，控制對方（圖170、圖170附圖）。

動作要求

下壓時，轉身要快，在對方肩關節處發力。

圖169

圖170

圖170附圖

圖171

第十五節　合肘壓臂

1. 甲乙雙方相持（圖171）。

2. 乙方用右手抓握甲方左手腕（圖172）。

3. 承上勢，乙方右轉身，用左臂下壓甲方手臂（圖173）。

4. 接上勢，乙方用左手下合甲方的左手臂，同時抓自己的右手腕，左轉身，用雙手下壓甲方手臂，可將對方制服（圖174、圖175）。

圖172

圖173

圖174

圖175

動作要求

上下動作協調，手臂旋轉、兩手形成合力，身體旋轉要快。

第十六節　防打切臂

1. 甲方用左直拳擊打乙方頭部，乙方用右手掌向外撥甲方左拳（圖176）。

2. 甲方再用右直拳擊打乙方頭部，乙方順勢以手掌內旋轉抓其右手腕（圖177）。

圖176

圖177

圖178

3. 乙方上右腿靠近甲方，同時用右臂從上往下壓其肩部，左右手形成挫勁將對方往後摔倒（圖178、圖179）。

4. 乙方繼續靠近甲方，同時用右手臂下壓、挫其肩部，制服對方（圖180）。

動作要求

防打切臂動作要快，同時下壓快摔。

圖179

圖180

圖181

第十七節　插步前摔

1. 甲方用左拳擊打乙方，乙方快速後閃，防對方擊打（圖181）。

2. 承上勢，乙方身體迅速左閃，用左手順勢捋甲方左手臂，右手往甲方身體伸出，目視甲方(圖182、圖183)。

3. 承上勢，乙方左腿往右腿後插，同時左手抹捋甲方頸部、頭部，同時用右腿絆甲方的左腿，把甲方摔倒（圖184、圖185）。

圖182

圖183

圖184

圖185

4. 承上勢，乙方將甲方摔倒後，可繼續控制其手臂和肩關節（圖186）。

動作要求

插步前摔古時稱「倒踩蓮」，插步、抹頸、絆腿要快，上下協調，動作一致，動作迅速有力、巧妙。

第十八節　手臂上挑

1. 甲方用左手虎口向下抓住乙方的右手腕（圖187）。

圖186

圖187

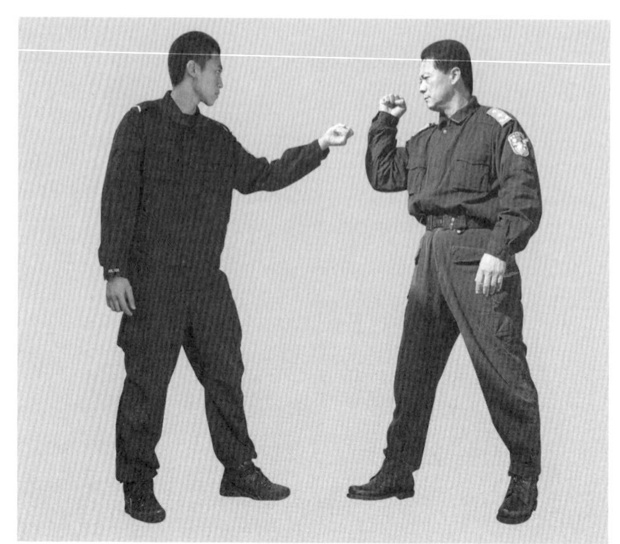

圖188

2. 乙方右手掌握拳屈肘用力向上挑，被抓的右手腕即可解脫。（圖188）。

動作要求

上挑動作要快，發力要整，力點在手腕上。

第十九節　手臂下壓

1. 甲方用左手虎口向上托抓握乙方的右手腕(圖189)。

2. 乙方右手握拳用力從對方虎口大拇指處下壓，被抓手腕即可解脫（圖190）。

圖189

圖190

圖191

動作要求

肘關節下沉，右手腕快速下壓，力點下壓對方虎口拇指。

第二十節　手臂繞腕

1. 甲方用左手抓住乙方的右手腕（圖191）。

2. 乙方手臂向內旋、往上挑，手腕向外旋轉下壓，即可解脫（圖192、圖193）。

圖192

圖193

圖194

圖195

動作要求

手臂、手腕的旋轉用內勁。

第二十一節　抓腕擒臂

1. 乙方用右手抓住甲方的左手腕（圖194）。

2. 乙方用左臂挑甲方左肘關節，同時身體向左轉，提甲方左臂下壓（圖195、圖196）。

3. 承上勢，乙方用力往前下推壓甲方手臂，控制其手臂將其制服（圖197、圖198）。

圖196

圖197

圖198

動作要求

抓腕擒臂，控制其手臂動作連貫、協調、一氣呵成。

第二十二節　正面擒摔控制

1. 甲、乙雙方相持（圖199）。

2. 乙方向前上左步，同時用左手抓握甲方右手腕，隨即左手往前引甲方右手臂，身體往右轉（圖200、201）。

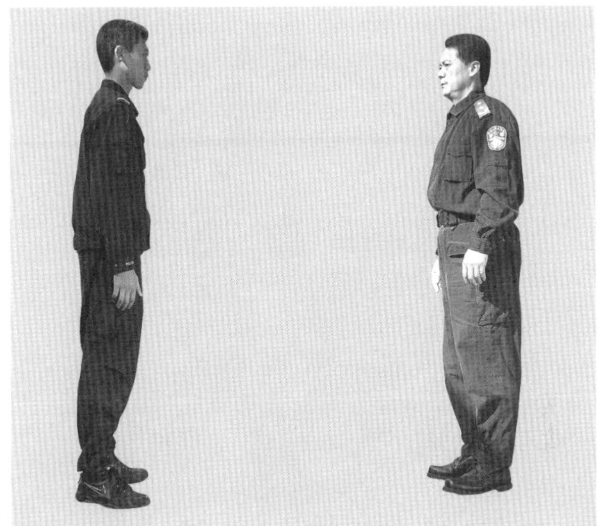

圖199

圖200

圖201

圖202

3. 承上勢，乙方用雙手上舉掰甲方右手臂，往後下方壓，甲方倒地，再用右手扼其頸部（圖202、圖203）。

4. 承上勢，乙方再用雙手上舉掰甲方右手掌，翻轉甲方右手臂內旋，造成甲方左轉身趴地面部向下，從而控制甲方的右手臂（圖204、圖205）。

動作要求

引甲方手臂、翻掰手掌、轉身、壓臂要快，摔拿一體，上下協調一致。

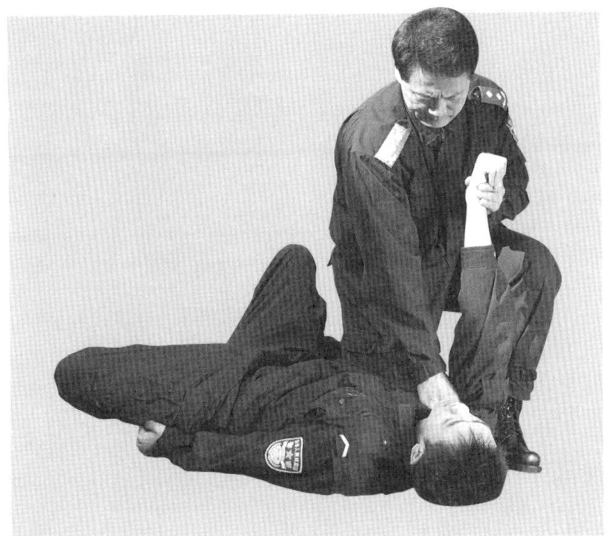

圖203

圖204

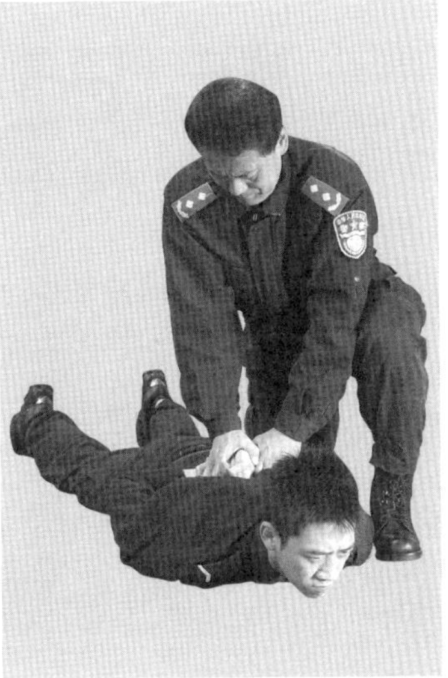

圖205

圖206

圖207

第二十三節　後面擒摔控制

1. 乙方從甲方後用雙手抓其左手臂（圖206）。

2. 承上勢，乙方上左步，同時用左手抓握甲方左手腕，右手往前托甲方左臂肘關節，身體往後拉，使甲方倒地（圖207、圖208）。

3. 承上勢，乙方用雙手內旋翻轉甲方左手臂，使甲方身體向外滾動，面部朝下（圖209—圖211）。

圖208

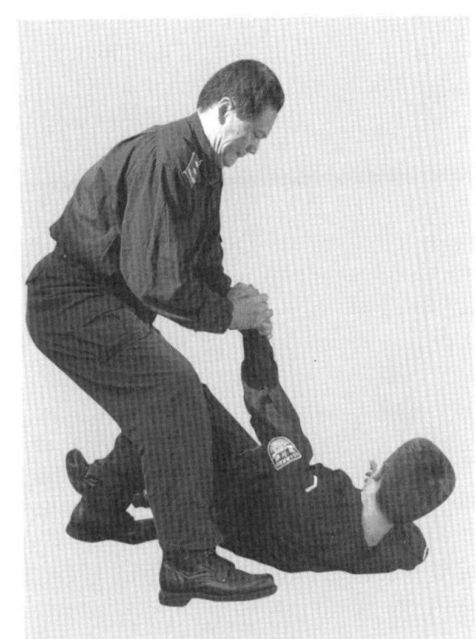

圖209

圖210

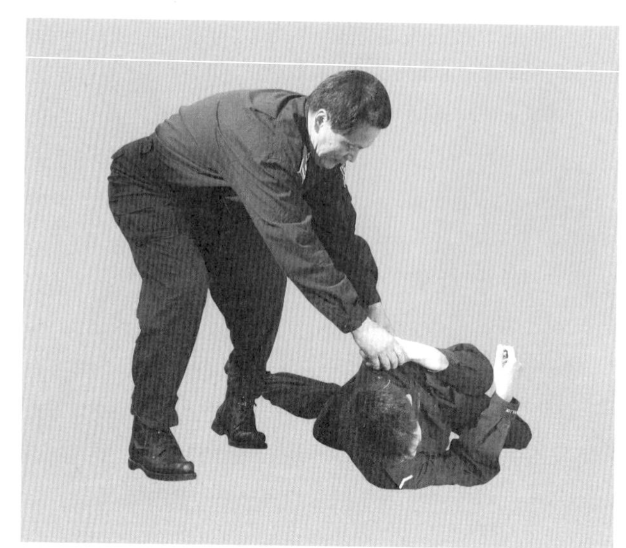

圖211

4. 承上勢，乙方用雙手控制住甲方左手臂，同時快速伸左腿騎跨在甲方軀體上，再用右手抓握甲方的右手臂，控制甲方（圖212—圖214）。

動作要求

抓甲方左手臂、摔甲方倒地、內旋翻轉甲方手臂、控制甲方要手快，動作連貫，上下協調一致。

圖212

圖213

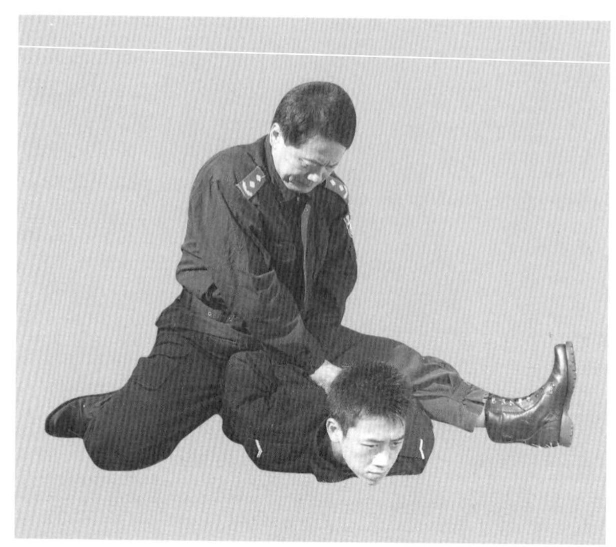

圖214

第二十四節　夾頸擒摔控制

1. 甲方用右拳擊打乙方頭部，乙方左閃，順勢用左手抓其右手臂（圖215、圖216）。

2. 接上勢，乙方用左手抓握甲方右手腕，往前帶其右手，同時上右步，順勢左轉身，用右手臂夾甲方頸部（圖217）。

圖215

圖216

圖217

圖218

圖219

3. 承上勢，乙方繼續左轉身，破壞甲方身體重心，把甲方摔倒在地（圖218、圖219）。

4. 承上勢，乙方用雙手後拉甲方右手掌，用雙手內旋翻轉甲方手臂，使甲方身體向外滾動，面部朝下(圖220、圖221)。

5. 承上勢，乙方用雙手控制甲方右手臂，再用右手

圖220

圖221

圖222

抓握甲方的左手臂往上翻轉，控制甲方雙臂（圖222）。

動作要求

用叼手巧妙抓甲方左手臂、轉身快摔甲方、內旋翻轉甲方手臂、控制甲方時要手快，上下協調一致，順勢發力。

第二十五節　下扣腕

1. 甲方用左手抓乙方右肩，甲方順勢撤左腳成側立勢，目視對方（圖223）。

2. 接上勢，乙方用左右手扣抓握住甲方左手腕（圖224）。

圖223

圖224

圖225

3. 承上勢，乙方身體重心往後下方沉降，身體下蹲，用雙手壓、拉、折甲方左手腕（圖225）。

動作要求

抓握甲方手腕壓、拉、折時要快、狠、猛。

第二十六節　外壓肘

1. 甲方用左手抓乙方右肩，乙方順勢撤左腳成側立勢，目視對方（圖226）。

2. 乙方用左手扣抓甲方左手腕，同時舉右手臂（圖227）。

圖226

圖227

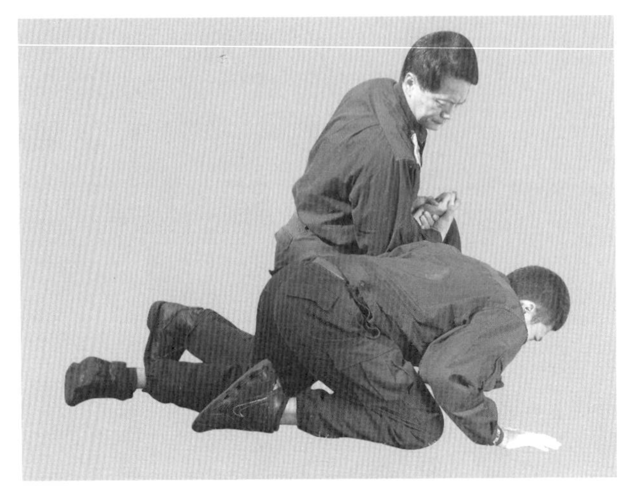

圖228

3. 承上勢，乙方右臂內旋纏甲方左臂，壓其肩關節，同時左轉身下壓控制甲方，使甲方倒地，其面部朝下（圖228）。

動作要求

手臂內旋纏甲方左臂，壓、拉肘要快、猛，形成合力。

第二十七節　內挑肘摔

1. 甲方用左手抓乙方右肩，乙方順勢撤左腳成側立勢，目視對方（圖229）。

2. 承上勢，乙方用右臂從甲方內側繞纏其左臂往上挑（圖230）。

圖229

圖230

圖231

3. 承上勢，乙方右臂繼續外旋、裏纏、上挑甲方右臂，甲方脫手，隨即以左手抓甲方右手（圖231、圖232）。

4. 接上勢，乙方用力往後掰甲方右手臂，把甲方摔倒，同時控制甲方右手臂（圖233）。

動作要求

外旋、裏纏、上挑甲方右手臂，要順對方的力化勁。

圖232

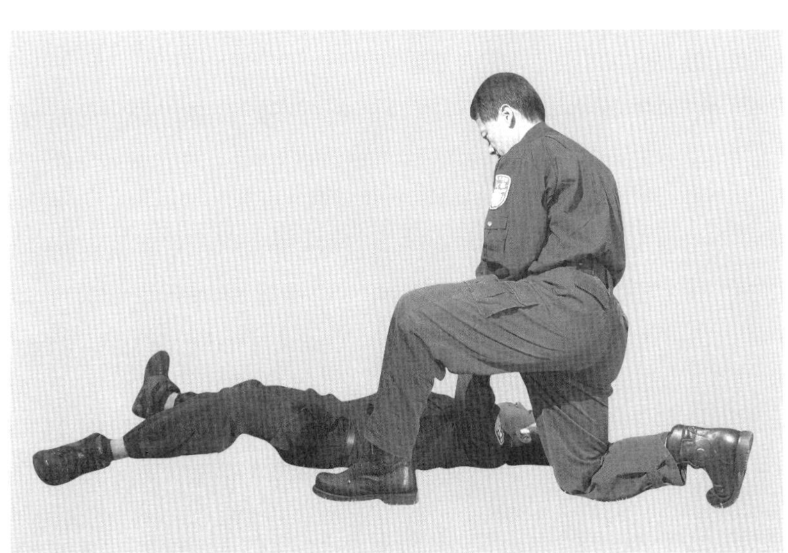

圖233

圖234

第二十八節　外挑肘摔

1. 甲方用左手抓乙方右肩，乙方順勢撤左腳成側立勢，目視對方（圖234）。

2. 乙方右臂從甲方左臂外側上舉，同時用左手抓甲方左手（圖235）。

3. 承上勢，乙方右臂內旋、裏纏、下壓甲方左肩關節（圖236）。

4. 接上勢，乙方往前下方右轉身，同時用右手抓自己的左手隨身體重心的移動下壓甲方左肩關節，將其制服。（圖237、圖238）。

圖235

圖236

圖237

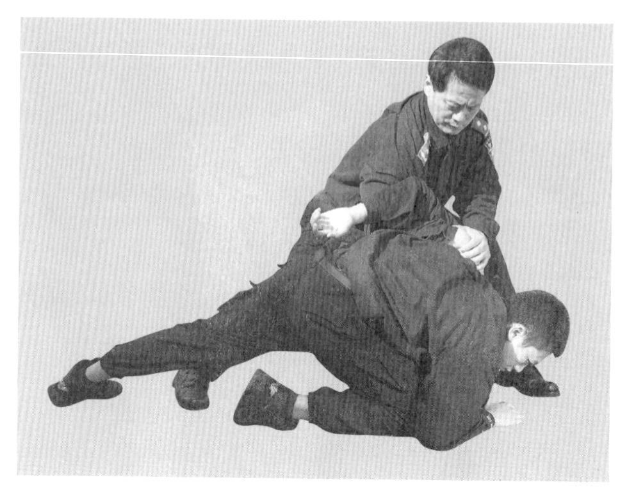

圖238

動作要求

內旋、裹纏、下壓甲方右肩關節，要順對方的力化勁，下壓時動作要快、猛。若對方用右手抓我左肩，使用方法相同。

第二十九節　翻掌前摔

1. 甲方用左手抓乙方右肩，乙方順勢撤左腳成側立勢，目視對方（圖239）。

2. 乙方右臂從甲方右臂內側上舉，同時用左手抓甲方左手（圖240）。

圖239

圖240

圖241

3. 承上勢，乙方右手臂往甲方左腋下插，隨即右手臂突然內旋擊打甲方腹部，身體猛向左轉身，把甲方摔倒（圖241—圖243）。

動作要求

右手臂往甲方腋下插，要突然，轉身動作要快，要求技術動作巧妙、協調。

圖242

圖243

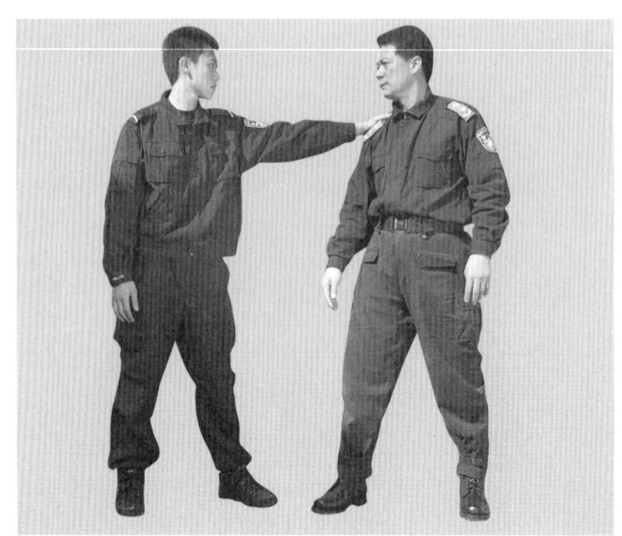

圖244

第三十節　插掌後摔

1. 甲方用左手抓乙方右肩，乙方順勢撤左腳成側立勢，目視對方（圖244）。

2. 乙方用右手臂從甲方左手內側斜上方上舉，往前插，同時用左手抓甲方左手（圖245、圖246）。

3. 承上勢，乙方上右步到甲方體後，身體重心前移（圖247）。

圖245

圖246

圖247

圖248

4. 承上勢，乙方用右手臂往甲方右胸部靠摔，身體猛向右轉身，把甲方摔倒（圖248）。

動作要求

靠、摔轉身動作要協調、快速一致。

第四章

警用配合與特種訓練

配合與特種訓練是掌握和提高警用技能及戰術水準，在現實抗爭中打擊違法犯罪，制服犯罪分子和犯罪嫌疑人，減少傷亡，有效保護自身安全的需要。

徒手突襲配合抓捕技能，是指靠近目標後，以突然襲擊的方式，採用擒拿格鬥綜合技術，瞬間擒住目標，在控制的前提下，對目標進行銬、搜身和押解的方法。要求配合默契，動作要有突然性和連貫性，突然襲擊將其制服。當歹徒持匕首等兇械傷害我們時，不得已才奪兇械，因此，這要求我們對抓捕技能要有嫺熟，要善於把握時機，充分利用一切條件，選擇最具有威力和實效性的方法襲擊目標，要求動作突然迅猛，摔拿、踢打技術併用，控制對方手臂始終貫穿在抓捕的全過程中，爭取一招制敵。注意整體配合、分工明確、各盡其責的原則。

圖249

圖250

第一節　二抓一別臂

1. 乙（甲右側為乙方）、丙（甲左側為丙方）上步側身對甲方，乙用左手抓握甲的右手腕，丙用右手抓握甲的左手腕（圖249）。

2. 接上勢，乙方用右臂從甲方右臂內側上挑、丙方用左臂從甲方左臂內側上挑（圖250）。

3. 乘上勢，乙方、丙方同時分別往右、左轉身、別臂下壓將甲方摔倒制服（圖251）。

圖251

動作要求

兩人進行抓捕犯罪不法分子時要配合默契、動作協調，制服後，給其上銬，一定要穩、準、狠、快，達到一招制敵。

第二節　二抓一壓臂

1. 乙、丙上步側身對甲方，乙用左手抓握甲的右手腕，丙用右手抓握甲的左手腕（圖252）。

圖252

2. 接上勢，乙方用右臂上壓甲方右臂，右手扣自己左手腕別乙方上臂、丙方用左臂上壓甲方左臂，左手扣自己右手腕，別乙方上臂（圖253）。

3. 乘上勢，乙方、丙方同時分別往右、左轉身、手臂下壓將甲方摔倒，制服甲方（圖254）。

動作要求

扣手腕有力更能便於發力，穩、準、狠、快，動作協調。

圖253

圖254

圖255

第三節　防匕首左閃快摔擊面

1. 甲方用右手正握匕首與乙方相持（圖255）。

2. 甲方用右手正握匕首刺乙方胸部，乙方左腳往左閃開，同時用左手往前斜上方撥甲方的右前臂（圖256）。

3. 接上勢，乙方快速上左腳靠近甲方，同時用右手托其肘關節（圖257）。

圖256

圖157

圖258

圖259

4. 乘上勢，乙方用左手叼抓對方前臂腕關節，用力往下方摔（圖258、圖259）。

圖260

5. 乘上勢，乙方將甲方摔倒後，雙膝用力跪夾甲方的右臂，兩手折其肘關節用力擰手臂，匕首掉地（圖260、圖261）。

6. 乘上勢，乙方雙膝

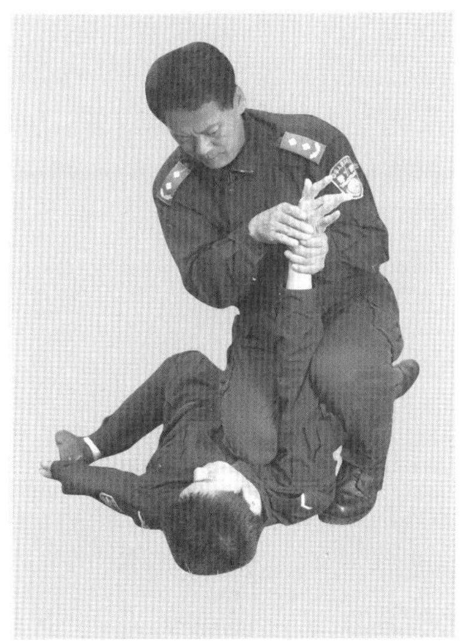

圖261

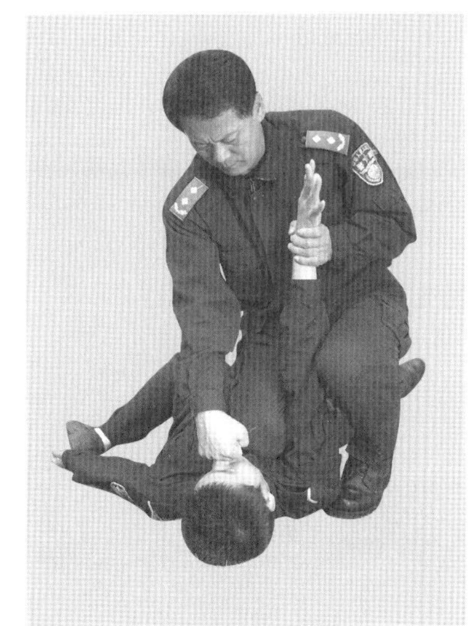

圖262

跪牢夾住甲方的右臂的同時，用右拳猛擊歹徒面部（圖262）。

動作要求

閃身、撥臂，眼明手快，上下協調一致。在實踐中，若技術不精湛，不可輕用，以免受傷。

第四節　防匕首後讓快摔擊面

1. 甲方用右手握匕首刺乙方腹部，乙方右腳往後退讓閃開，同時兩手張開呈八字形，順勢下壓甲方右臂

圖263

（圖263）。

2. 接上勢，乙方快速上左腳靠近甲方，同時用雙手往前帶甲方手持匕首的手臂以化解其力（圖264）。

3. 乘上勢，乙方迅即用左肘猛搗甲方的右肋，接著用左肩靠甲方的右腋下（圖265）。

4. 乙方後絆甲方右腿將其摔倒在地（圖266）。

5. 承上勢，雙膝用力跪夾甲方的右臂，兩手折其肘關節用力擰手臂，匕首掉地（圖267、圖268）。

6. 乘上勢，乙方雙膝跪牢夾住甲方的右手臂，鬆開右手變右拳猛擊甲方面部（圖269）。

圖264

圖265

圖266

圖267

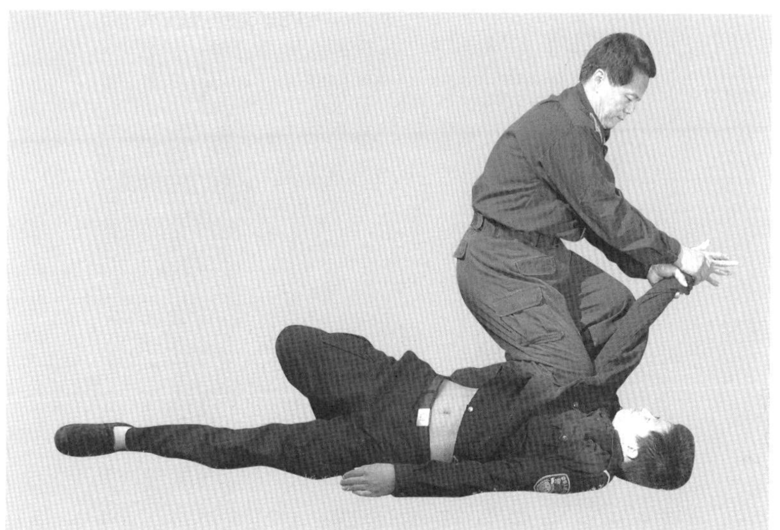

圖268

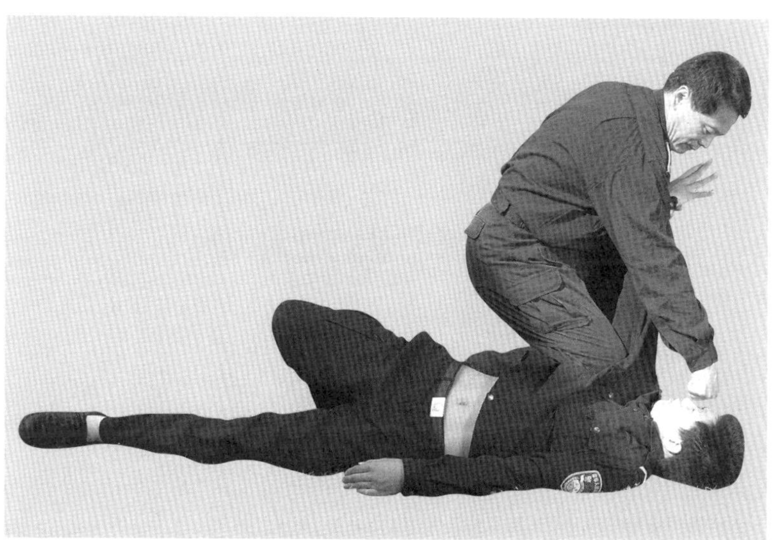

圖269

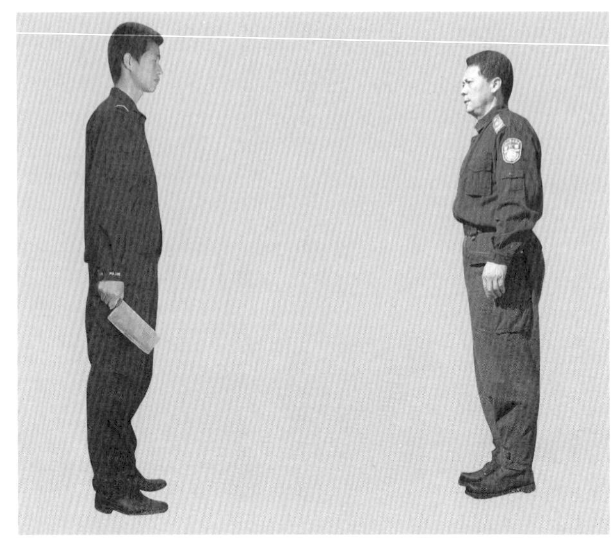

圖270

動作要求

後退閃身讓開歹徒匕首攻擊的位置要掌握好時機，撥臂、搗肘、快速後摔、擊打要快、猛。

第五節　防刀卸臂

1. 甲方用右手握刀欲與乙方相持（圖270）。

2. 甲方用右手握刀向乙方砍去，乙方右腳往後退讓閃開準備反擊（圖271）。

3. 當甲方持刀砍落一剎那，乙方快速左閃同時用左手推抓甲方右臂，化解其力（圖272）。

圖271

圖272

圖273

圖274

4. 乘上勢，乙方身體重心前移，順勢用右手推甲方肘關節往上舉（圖273）。

5. 乘上勢，乙方右前臂內旋下壓其肘關節，左手用力抓握甲手腕，以肘關節處為支點用力向下壓，同時身體重心猛下垂，身體下壓向左轉體可將其摔倒（圖274—圖277）。

動作要求

乙方左手撥抓、右臂上挑、跨右步動作要協調一致，把握時機，動作迅速、準備。下壓時，以右肘關節

圖275

圖276

圖277

圖278

為支點向下猛壓。

【注意】在雙人進行練習時動作不要太猛烈，慢慢體會，以免造成肩、肘關節損傷。

第六節　防匕首直刺踢襠

1. 甲方用右手握匕首刺乙方腹部，乙方右腿往右後方退讓閃開（圖278）。

2. 承上勢，乙方順勢用左手叼捋抓握甲方右手腕（圖279）。

3. 接上勢，乙方在閃開的同時快速起右腳猛彈踢甲方襠部（圖280）。

圖275

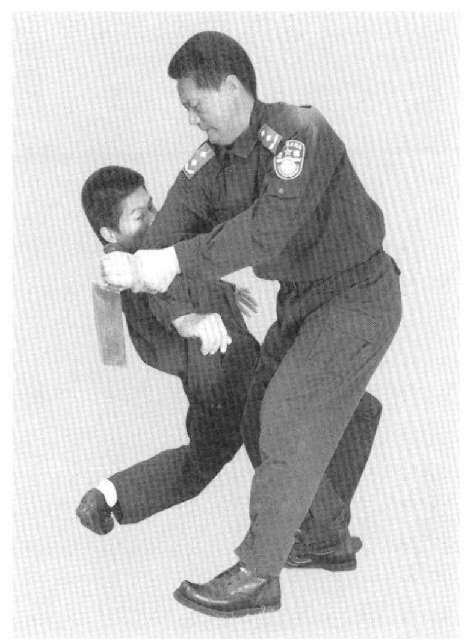
圖276

圖277

圖278

為支點向下猛壓。

【注意】在雙人進行練習時動作不要太猛烈，慢慢體會，以免造成肩、肘關節損傷。

第六節　防匕首直刺踢襠

1. 甲方用右手握匕首刺乙方腹部，乙方右腿往右後方退讓閃開（圖278）。

2. 承上勢，乙方順勢用左手叼捋抓握甲方右手腕（圖279）。

3. 接上勢，乙方在閃開的同時快速起右腳猛彈踢甲方襠部（圖280）。

圖279

圖280

圖281

4. 乘上勢，乙方用右手抓甲方頭髮往前猛帶（圖281）。

5. 接上勢，乙方順勁抓甲方頭髮往前拉同時用右腿屈膝撞擊甲方面部（圖282）。

動作要求

後退讓閃身、叼捋抓握甲方右手腕、彈踢襠、撞膝時用合力，快速有力，效果更加好。

第七節　抱腰後搗肘

1. 甲方在乙方後突然用雙手抱住甲方的手臂和腰部（圖283、圖284）。

圖282

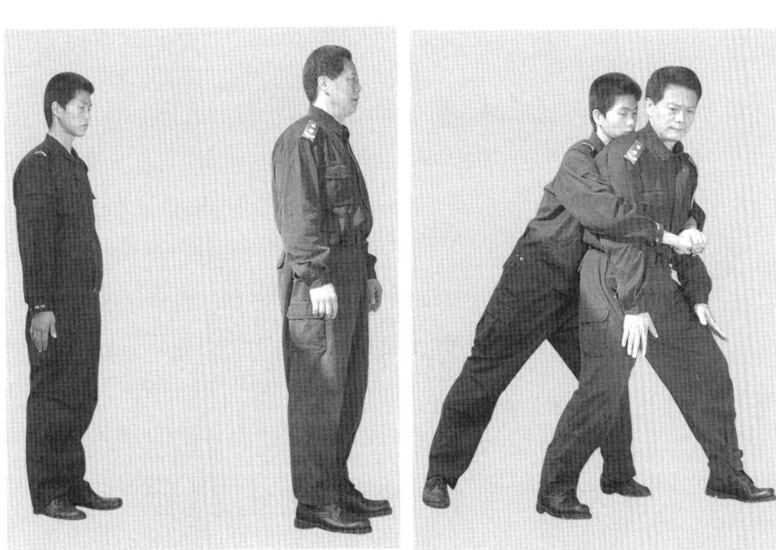

圖283

圖284

圖285

2. 接上勢，乙方順勢下蹲成馬步，同時雙手臂往上屈肘快速抬起（圖285）。

3. 乘上勢，乙方身體右轉，同時用右肘搗擊甲方腹部（圖286）。

動作要求

抬臂、下蹲、搗肘發力要快，協調有力，形成螺旋抖力、炸力效果極佳。

第八節　抱腰抓腕反別臂

1. 甲方在乙方後突然用雙手抱住甲方的腰部(圖287)。

圖286

圖287

圖288

2. 接上勢，乙方順勢下蹲成馬步，同時用右手抓握甲方的左手臂腕關節，隨即左手從甲方的左手前臂內側插掌，抓握自己的右手腕關節（圖288、圖289）。

3. 承上勢，乙方氣沉丹田往下運氣，發內力推動兩手往下用力解脫（圖290）。

4. 乘上勢，乙方向左轉身，向上抬起敵方手臂的同時，雙手用力拉、抬甲方的左手臂腕關節，內扣其手臂（圖291）。

5. 接上勢，乙方身體向左轉，跨左步，同時雙手用力擰甲方的左手臂，下壓肘關節（圖292）。

圖289

圖290

圖291

圖292

圖289

圖290

圖291

圖292

圖293

6. 接上勢，乙方身體向左下轉壓，使甲方趴下（圖293）。

動作要求

抓握甲方的左手臂腕、插掌、扣手、抬臂、轉身發力要快，動作協調順勢。

圖294

圖295

第九節　抱腰轉身閃摔

1. 甲方在乙方後突然用雙手抱住甲方的腰部（圖294）。

2. 接上勢，乙方順勢下蹲成馬步，身體往右轉，同時用右手掌搭在甲方的右大腿外側，左手抓握甲方右手腕（圖295）。

3. 乘上勢，乙方聚力，身體先往右轉，隨即上抬臀部，然後身體往左轉讓甲方身體騰空，同時用右手掌抓甲方的右大腿，左手抓握甲方右手腕往左拉（圖296、圖297）。

圖296

圖297

圖298

4. 接上勢，乙方身體向左轉，跨左步成右跪勢，同時用左手抓住甲方的右手腕關節，用右手按其肩關節（圖298、圖299）。

動作要求

搭掌抓甲方的右大腿、抬臂、轉身發力動作協調、力點準、速度快，可將對方摔倒，摔倒後可用別臂或用右拳擊打其面部或扼喉等。

第十節　勒頸轉身閃摔

1. 甲方在乙方後，突然用左手臂勒乙方的頸部，用

圖299

右手抓住乙方的右手，乙方快速用左手抓握甲方的左手（圖300）。

2. 接上勢，乙方順勢下蹲成馬步，左手抓握甲方左手腕，同時用右手掌搭在甲方的右大腿外側，身體往左轉抬臀頂甲方的小腹部使之騰空，使甲方失去重心（圖301、圖302）。

圖300

圖301

圖302

3. 乘上勢，乙方把甲方摔倒後，順勢用右手抓握甲方的左手（圖303）。

4. 接上勢，乙方用雙手抓握甲方的右手往裏上方內旋抬臂（圖304）。

5. 乙方上右步，成右跪步，同時雙手用力拉甲方的左臂腕關節，造成甲方面部朝下（圖305）。

6. 接上勢，乙方用左手抓擰甲方的左手臂內旋翻臂，用右手抓握甲方的右手臂，反其關節控制甲方（圖306）。

圖303

圖304

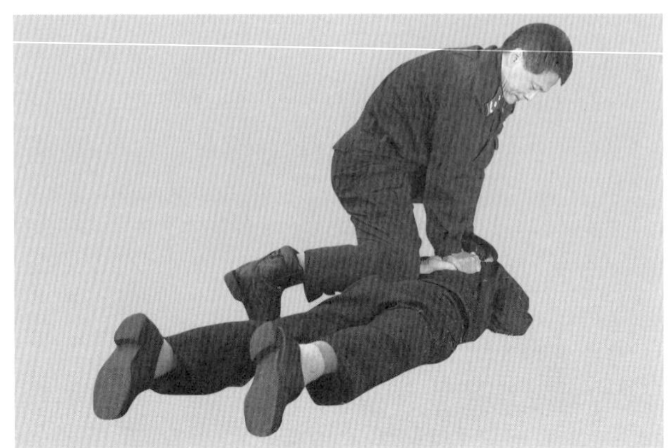

圖305

圖306

動作要求

抓握甲方的手腕、旋轉、抬臂、轉身擰臂動作要協調。

第五章

抓捕擒敵術

抓捕技術，是指實施捉拿過程中所反應出來的一種綜合技能和方法。具有技術含量高、濃縮性強的特點，它是不可缺少的個體實戰技能。在實戰中符合人體本能反應等實用特點，用打、摔、擒、拿之術制服犯罪分子，會提高我們的時效性並減少不必要的損失和傷亡，對提高對敵抗爭中的信念、勇氣和威懾力有著不可忽視的積極作用。

徒手突襲抓捕技術是指靠近目標後，以突然襲擊的方式，採用擒拿格鬥綜合技術，瞬間擒、控目標，對目標進行上銬，搜身和押解的方法。動作要求突然性和連貫性，在犯罪分子來不及作出反應的情況下，突然襲擊將其制服。因此，這要求抓捕技能要嫻熟，要善於把握時機，充分利用一切條件，選擇最具有威力和實效性的方法襲擊目標。訓練時，應相互配合，避免誤傷。

圖307

第一節　二對一背後鎖臂抓捕技術

1. 乙（甲右側為乙方）、丙方（甲左側為丙方）在甲方後側位站立（圖307）。

2. 乙方用右手、丙方用左手突然快速從甲身後分別抓握甲方雙手臂，乙方用左手從甲方右手臂後挎其上臂、丙方用右手從甲方左手臂後挎其上臂，先控制手臂的主要目的是防止歹徒掏槍或匕首襲警（圖308、圖309）。

3. 接上勢，乙丙雙方同時動作，乙方上左腳絆摔甲方的右腿、丙上右腳絆摔甲方的左腿，雙方手往上提甲方的手臂，使甲方身體失去重心往前栽倒，乙用右手、

圖308

圖309

圖310

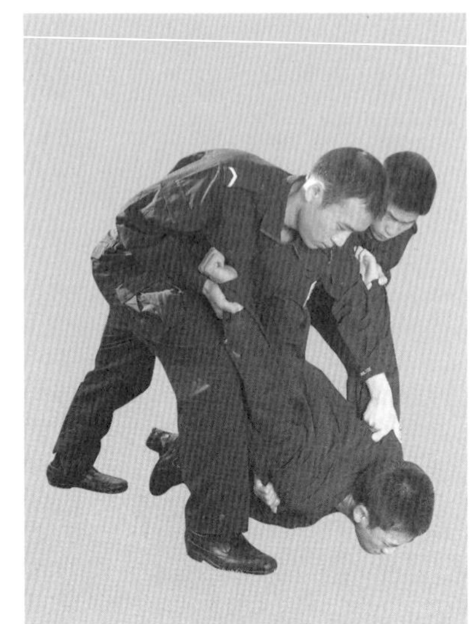
圖311

丙用左手往下摁其肩關節將其制服（圖310、圖311）。

動作要求

控制甲方的手臂和往前絆摔使歹徒失去反抗，牢牢控制後，再上銬搜身，帶離。

第二節　二對一背後抱摔抓捕技術

1. 乙、丙雙方在甲方後側位站立（圖312）。

2. 丙方快速上步，成左弓步，同時用雙手抱甲方的雙腿（圖313）。

圖312

圖313

圖314

3. 上動不停，丙方往後拉，用肩頂將甲方摔倒，同時用雙腿纏甲方的雙腿（圖314）。

4. 乙方快速接近甲方，用右手抓住甲方的右手臂，用左手按住甲方的頸部，同時用左膝往下頂甲方的右肩關節，將其制服（圖315）。

動作要求

第一抓捕手抱甲方雙腿摔時，速度要快、突然、動作乾淨俐索；第二抓捕手要牢牢控制甲方的手臂同時跪壓歹徒的肩關節或擊打其頭部。

圖315

第三節　二對一正面別臂抓捕技術

1. 乙、丙雙方側身面對甲方（圖316）。

2. 接上勢，乙用右手抓握甲的左手腕，丙用左手抓握甲的右手腕（圖317）。

3. 乘上勢，乙丙雙方同時動作，乙方用左臂從甲方左臂內側上挑，下壓其手臂；丙方用右臂從甲方右臂內側上挑，下壓其手臂（圖318）。

4. 乘上勢，乙方往右轉身、丙方往左轉身，手臂下壓往前下方用力，將甲方摔倒，給予制服（圖319）。

圖316

圖317

圖318

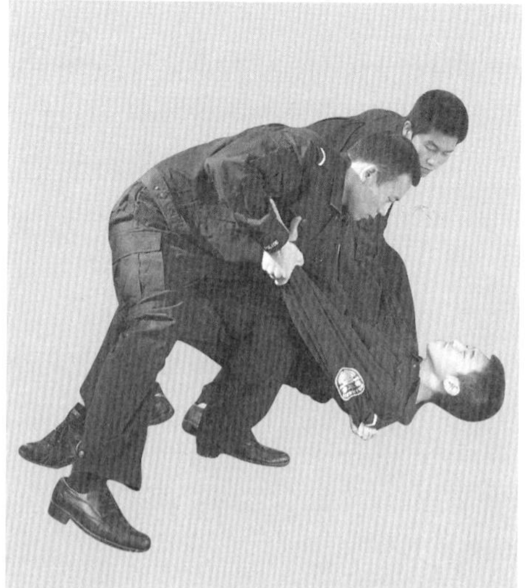

圖319

圖320

5. 若歹徒反抗，乙方或丙方用拳擊打，或用手卡扼歹徒脖子（圖320）。

動作要求

兩人進行抓捕犯法分子時配合要默契、動作協調，制服歹徒後，給其上銬，在實施抓捕中，一定要穩、準、狠、快，達到一招制敵。

第四節　三對一別臂絞腿抓捕技術

1. 乙（乙方在甲方的右側，下同）、丙（丙在中

圖321

間，下同）、丁（丁在甲方的左側，下同）在甲方身後跟蹤相持（圖321）。

2. 乙方用右手、丁方用左手突然快速從甲方身後控制甲方雙臂（圖322）。

3. 接上勢，乙方用左手從甲方右臂後挎其上臂、丁方用右手從甲方左臂後挎其上臂，先控制手臂的主要目的是防止歹徒掏槍或匕首襲警；同時，乙方上左腳絆摔甲方的右腿、丁方上右腳絆摔甲方的左腿，雙方手往上提甲方的手臂，使其身體失去重心往前栽倒，乙用右手、丁用左手往下摁甲方頸部將其制服（圖323、圖324）。

圖322

圖323

圖324

4. 丙方快速上前用雙手控制甲方的小腿部（圖325）。

5. 接上勢，丙方用右手抓甲方的右小腿踝關節，使之上抬屈膝，再用左手抓甲方的左小腿踝關節上抬，屈膝交叉往下壓住甲方的小腿，進行絞甲方的雙腿狀，用力往下按，將歹徒左右小腿交叉相壓控制（圖326）。

動作要求

對付兇猛、高大的歹徒，要求以多制勝的原則，以防不測。控制甲方的手臂和往前絆摔壓按歹徒的手臂，要快速、有力，同時快速將甲方的兩腿進行交叉折疊，牢牢控制後，再上銬。

圖325

圖326

圖327

第五節　三對一別臂掀腿抓捕技術

1. 乙、丙、丁在甲身後跟蹤相持（圖327）。

2. 乙方用右手、丁方用左手突然快速從甲身後控制甲方雙手臂（圖328）。

3. 接上勢，乙方用左手從甲方右臂內側往前上挑挎其上臂、丁方用右手從甲方左臂內側往前上挑挎其上臂，同時，丙方上左腳成左弓步，上體前俯，用雙手分別抓握甲方的雙腳踝關節（圖329）。

4. 同時，乙方上左腳絆摔甲方的右腿、丁方上右腳

圖328

圖329

圖330

絆摔甲方的左腿，雙方手往上提甲方的手臂，使其身體失去重心往前栽倒，丙方用雙手抓甲方的腳踝關節隨軀體上抬，使甲方被架空，乙、丙、丁同時可把甲方抬走，離開現場（圖330）。

動作要求

乙、丙、丁抓捕小組要配合默契、動作協調。對付高大、兇猛的歹徒，要堅持以多制勝、以巧制勝、以快制勝的原則，以防不測，制服後上手銬再搜身檢查。

第六章

格鬥訓練事宜

第一節　體能素質訓練

警用格鬥要求「體能是基礎，技能是關鍵，戰術是保障」，體能包括力量、速度、耐力、柔韌和抗擊打能力。長期堅持體能素質訓練，可使體魄強健，各項體能素質全面發展。

一、力量素質訓練

力量素質是指人體神經肌肉系統在工作時克服或對抗阻力的能力。力量是其他素質的基礎。

(一)訓練內容

俯臥撐（雙臂俯臥撐、單臂俯臥撐），引體向上，仰臥起坐，負重蹲起。

(二)基本要求

注意不同肌肉群力量的對應發展；選擇有效的訓練手段，規範和明確正確的動作要求；處理好負荷與恢復的關係；保持肌肉的彈性。

二、速度素質訓練

速度素質是指快速完成動作和快速反應位移的能力。速度素質在實戰中起到非常重要的作用。

(一)訓練內容

反應速度訓練，餵靶、模擬實戰；動作速度訓練，移動速度訓練、擊打速度訓練、蹬伸速度、負重速度訓練等。

(二)基本要求

提高感覺的反應能力，以最快的速度完成訓練動作；正確掌握動作，訓練手段多樣、負荷適量、動作速度與實戰對抗動作相一致。

三、耐力素質訓練

耐力素質是指有機體堅持長時間運動的能力。良好的耐力素質是保持運動強度和動作質量的關鍵。

(一)訓練內容

力量耐力訓練；有氧耐力和無氧耐力訓練，實施方法、條件和標準參照《國家體育鍛鍊標準》《一線警察體能技能訓練標準》；規定擊打時間、次數和密度。

(二)基本要求

重視呼吸能力的培養；加強意志品質的培養，抵抗不利因素需要有堅強的意志品質。

四、柔韌素質訓練

柔韌素質是指肌肉和韌帶的伸展能力。動作幅度大小與柔韌相關，是達到動作要求的重要條件。

(一)訓練內容

前屈抱腿；正踢腿、斜踢腿、裏合腿、外擺腿、側踢腿等；橫叉、豎叉；正壓腿、後壓腿、側壓腿；下腰；轉肩等。

(二)基本要求

持之以恆，循序漸進；由輕到重，由慢到快；訓練適度，全面發展柔韌性。

五、抗擊打能力訓練

增強抗擊打能力是提高攻防能力的關鍵。抗擊打能力是功力的體現。

(一)訓練內容

戴拳套兩人對抗練習，排打功，踢樁、靠背、打樁，兩人馬步靠臂等練習。

(二)基本要求

加強腹部、頸部肌肉訓練，提高抗擊打能力；受到擊打部位的肌肉迅速繃緊，意念和氣同時到受到擊打部

位的肌肉，以增大抗擊打承受力；把手臂抗擊打和接腿摔訓練緊密結合起來；循序漸進，力度逐漸加大。

第二節　戰術應用訓練

警用格鬥戰術應用訓練主要包括戰術原則和戰術應用。重點突出實戰，能在複雜的特殊環境下靈活使用。

一、戰術原則

1. 保持勇敢頑強、沉著冷靜、從容不迫的大無畏精神，樹立敢打敢拼的必勝信心，做到意緊形鬆，鬆而不懈。

2. 把握時機，控制好距離，能避開敵方攻擊鋒芒，又能快速反擊，身體處於最佳姿態上，具備能攻能防的有利條件。

3. 靈活運用戰術，根據對方的實際可採取揚長避短，避實擊虛，正奇互用，攻守兼備等戰術。

二、戰術應用

戰術應用是格鬥技術直接應用於實戰的技術動作和格鬥的方法。分為防守反擊，防拳反擊，防腿反擊；上下配合，左右閃擊；直接攻擊，乘虛擊敵。

1. 對付進攻兇猛之敵，避其鋒芒，靈活多變，抓住敵方破綻，運用防守反擊，擊其要害。

2. 對付擅長防守反擊之敵，誘敵深入，在其暴露弱點之機，進行反擊，要求步法多變，嚴密防守。

3. 對付擅長腿法之敵，控制好距離，運用快速摔法。

4. 對付擅長拳法之敵，與敵保持距離，運用快速抱摔和相應的腿法。

5. 對付擅長摔法之敵，與敵保持拳、腿的距離，要用破摔解脫。

三、戰術訓練

戰術訓練是運用不同的對抗條件進行訓練。戰術訓練是提高實戰的重要手段。

1. 觀看對抗訓練和比賽，分析對抗者的戰術運用，提出問題，分析原因，強化戰術意識。

2. 由拳法對抗訓練到腿法對抗訓練再到摔法對抗訓練，逐步過渡到綜合訓練。

3. 模擬實戰對抗訓練是真打實摔的訓練，它融技術、心理、戰術、體能訓練為一體，是實戰訓練的高級形式，是檢驗和提高對抗者實戰水準的有效手段。

後　記

國家國防部將格鬥術列為解放軍、武警部隊的必要訓練科目項目；國家教育部將武術教育作為民族傳統體育學科，列入普通高等院校課程計劃；國家文化部把武術列為非物質文化遺產傳統體育項目加強保護；國家體育總局把武術散打、套路列為競賽項目；公安部將把警務技能列入警察必修訓練內容，由此可見，把武術與公安工作警察實戰相結合，具有極為重要的現實意義和實用價值。

在二十多年的工作教學中，我一直秉持「武為警用，保國為民」的指導思想，本書是我長期教學訓練實踐的經驗總結。在2004—2005年公安部開展「大練兵」期間，我擔任廣東省警務技能、警務戰術總教官，對來自全省的各警種進行了系統培訓，將培訓中發現的常見問題及解決方法、訓練心得編著為《警官培訓教程》，該教程是在2004年接受廣東省公安廳政治部的任務負責編寫全省民警體能、技能、警務戰術訓練大綱一部分的內容，並在2006年3月至2009年8月，經相關單位、高校等一線部門進一步實踐，因簡潔易學、靈活實用，深受基層單位歡迎。反覆論證最終定稿為《警用格鬥技

法》一書。

在撰寫及實踐期間，得到廣東省公安廳黨委委員、廣東警官學院黨委書記張小雲同志，廣東海關總署緝私局，省海事公安局，廣州、深圳、珠海、汕頭、佛山、韶關、湛江、肇慶、江門、茂名、惠州、梅州、汕尾、河源、陽江、清遠、東莞、中山、潮州、揭陽、雲浮等各級公安機關部門的大力支持，並多次提出寶貴的修改意見。張小雲同志為本書作序。

本書由王立泉先生拍攝，我的學生河源市公安局賴少波、東莞市公安局陳曉城、陽江市公安局藍柳彬、肇慶市公安局陳挺等協助演示。在此表示衷心感謝！

董如軍
於廣州

公車站
東華街二段
東華街一段
往北投、淡水
1 2 捷運石牌站2號出口
往明德站(台北方向)
西安街二段
西安街一段
公車站
資源回收
西安街一段293巷
吉品食坊
往榮總、天母
榮光公園
水果店
石牌路一段166巷
石牌國中
瑞興銀行
自強街
石牌路一段
致遠公園
致遠一路二段12巷
公車站
大展品冠
石牌國小
7-11
全家便利商店
致遠二路
致遠一路二段
致遠一路一段
石牌路一段
陽信銀行
頂好超商
7-11
郵局
華南銀行
公車站
公車站
自強街
石牌公車站
石牌派出所
往北投、淡水
承德路七段
文林北路
石牌公車站
承德路六段

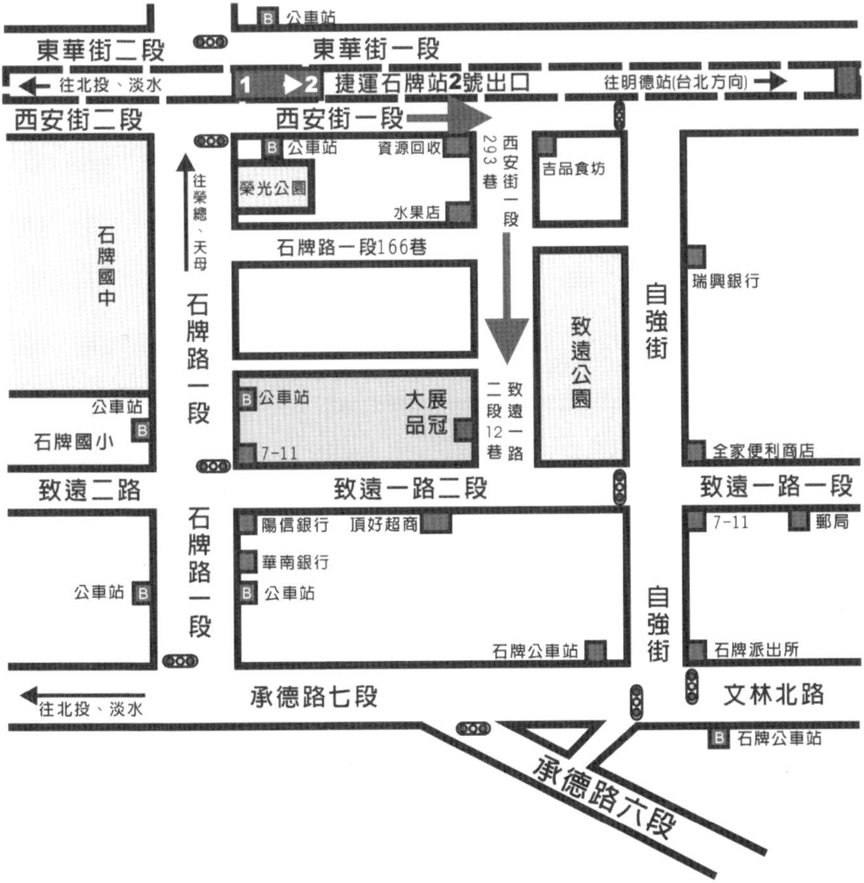

建議路線

1.搭乘捷運・公車

淡水線石牌站下車，由石牌捷運站２號出口出站(出站後靠右邊)，沿著捷運高架往台北方向走(往明德站方向)，其街名為西安街，約走100公尺(勿超過紅綠燈)，由西安街一段293巷進來(巷口有一公車站牌，站名為自強街口)，本公司位於致遠公園對面。搭公車者請於石牌站(石牌派出所)下車，走進自強街，遇致遠路口左轉，右手邊第一條巷子即為本社位置。

2.自行開車或騎車

由承德路接石牌路，看到陽信銀行右轉，此條即為致遠一路二段，在遇到自強街(紅綠燈)前的巷子(致遠公園)左轉，即可看到本公司招牌。

國家圖書館出版品預行編目資料

警用格鬥技法／董如軍　著
——初版，——臺北市，大展，2014〔民103.08〕
面；21公分 ——（實用武術技擊；30）
ISBN　978-986-346-032-9（平裝）
1.防身術　2.擒拿術
528.97　　103011280

警用格鬥技法

著　　者／董如軍
責任編輯／朱曉峰
發 行 人／蔡森明
出 版 者／大展出版社有限公司
社　　址／台北市北投區（石牌）致遠一路2段12巷1號
電　　話／（02）28236031・28236033・28233123
傳　　真／（02）28272069
郵政劃撥／01669551
網　　址／www.dah-jaan.com.tw
E-mail／service@dah-jaan.com.tw
登 記 證／局版臺業字第2171號
承 印 者／傳興印刷有限公司
裝　　訂／承安裝訂有限公司
排 版 者／弘益電腦排版有限公司
授 權 者／北京人民體育出版社
初版1刷／2014年（民103年）8月

售價／220元

大展好書　好書大展
品嘗好書　冠群可期